Una Colección de
Poemas Inspirativos

por Josefa Reyes

© Copyright 2016 Josefa Reyes

ISBN 978-1-63393-230-2

Todos los derechos han sido reservados. No se permite la reproducción total o parcial de este libro, ni su incorporación a un sistema informático, ni su transmisión en cualquier formato, sea este electrónico, mecánico, por fotocopia, por grabación u otros métodos, sin el permiso previo y por escrito de los titulares del copyright.

Publicado por

Café con Leche
an Imprint of Köehler Books

3 Griffin Hill Court
The Woodlands, TX 77382
281-465-0119
www.cafeconlechebooks.com

Una COLECCIÓN De POEMAS INSPIRATIVOS

Josefa Reyes

Dedicatoria

Dedico este libro a Dios porque Él es el autor y dueño de estas poesías y sin Él este libro no hubiese sido posible. También se lo dedico a mis tres hijos, Joe, Ricardo, Eric, y a mi hija Yesenia los cuales impactan tremendamente mi vida porque sus triunfos y derrotas las siento como en carne propia. A mis dos nietos Anyssa y Anthony que traen mucha alegría a mi vida y para quienes escribí el poema Pasos. A mi hermana Ofelia, quien es también mi mejor amiga. También se lo dedico a mi difunta madre que cuando era yo muy niña me enseñaba poesías y decía que yo tenía talento para recitarlas. Creo que ella plantó esta semilla en mí, la cual germinó.

Reconocimientos

Le estoy muy agradecida a Leticia Gomez por haber sido el puente que yo necesitaba para llevar acabo este proyecto. Yo tenía una parte muy importante que eran los poemas escritos por mí, pero me faltaba la otra parte que también es muy importante. Esa otra parte, no solo es crear el libro sino el distribuirlo y hacerlo accesible en otros países de habla Hispana. Ella ha jugado un papel importante en la creación de este libro, y merece ser reconocida. Por lo general en la vida para lograr nuestras metas y propósitos, necesitamos de otras personas las cuales son fundamentales para que nuestra visión sea una realidad. En mi caso, esa persona ha sido Leticia y las personas que forman parte de ese equipo.

Introducción

El propósito de este libro es para compartir con ustedes los poemas que Dios a través de los años ha puesto en mi corazón. Tuve que decidir cuáles de ellos quería publicar, lo cual no fue fácil elegir, puesto que todos ellos representan una parte genuina de mi forma de pensar y de mi sentir. Los poemas que yo escribo, tienden a rimar o llevan cierto ritmo que fluye dándole un toque especial. Pero más que todo esto que he mencionado, hay algo aún más importante y es el mensaje positivo que llevan. Por eso, he titulado este libro *Una Colección de Poemas Inspirativos*. Mi deseo es que disfruten al leerlos y que les sirvan de inspiración en diferentes áreas de su vida, al igual que yo he disfrutado en escribirlos y me han servido de motivación.

A Oscuras en la Claridad

Es posible andar a oscuras aun teniendo claridad
pues la falta de entendimiento nos ciega a la realidad.
Y aunque nadie se dé cuenta traemos un antifaz
que ni siquiera nosotros cuenta nos damos que está.

Pero Dios pone a personas que nos ayudan ver
y no hablo de doctores sino de seres comunes como usted, ella y él.
Y por medio de otros lentes a veces podemos ver
cosas que con nuestros ojos no solíamos entender.

A veces en ocasiones alguien nos quiere guiar
y rehusamos de su ayuda y solemos tropezar.
Pues a veces nuestro orgullo no nos permite aceptar
algo que otro nos enseñe y nos puede edificar.

No me gustan las caretas ni tampoco el antifaz
ni andar caminando a oscuras mas busco la claridad.
Y quiero ser como aquellos que a otros saben guiar
apartándoles las piedras que estén en su caminar.
Y también yo necesito que otros me tiendan la mano
cuando caiga y tropiece como todo ser humano.

Ahorrar un Poco

Debemos de aprender
ahorrar algo de dinero,
no para acumular o amontonar
sino para poderlo usar
cuando lo necesitemos.

Yo sé que no es fácil hacerlo
pues a veces no tenemos,
y lo que ganamos es poco
y apenas abastecemos.

Pero a veces si podemos
y decidimos no hacerlo,
para darnos muchos gustos
que en realidad no debemos.

Y a veces utilizamos
métodos que nos comprometen,
poniéndonos cadenas
que tardan años en romperse.

Pues las tarjetas de crédito
cobran altos intereses,
y a veces tardamos años
y las pagamos con creces.

Debemos dar a Dios
lo que a Él le pertenece,
para que bendiga el resto
y tengamos suficiente.

Debemos disfrutar
las cosas de la vida,
mas debemos de ser sabios
y hacerlo con medida,
cuanto debemos gastar
sin que sea derrochar
dejándonos a la deriva.

Árboles de Olivo

Esos árboles de olivo lo necesarios que son,
no solo como alimento, pero también para unción.
Esos árboles de olivo que se ven un poco sencillos,
y que a veces pasan por desapercibidos.

Son fuertes, duraderos y resistentes al sol,
no necesitan mucha agua, sus raíces cortas son.
Esos árboles de olivo tienen una larga vida,
pueden durar miles de años y todavía
existen desde el tiempo de la biblia.

Plantados en Israel desde hace más de dos mil años,
presenciaron a un rey sudar sangre en el jardín
antes de que lo arrestaron.
Así como esos árboles también deberíamos ser,
que con el sol del desierto aún se mantienen en pie.
Cuando vengan los problemas no nos dejemos caer.

Igual que las aceitunas necesitan el proceso,
para poder dar aceite bueno para el alimento.
También nosotros tenemos que pasar cierto proceso,
para poder transformarnos y así ir purificando lo que llevamos por dentro.

Casa

La casa donde tú vives es un lugar especial
manténla en buen estado y trátala como tal,
por muy humilde que sea en otro lugar mejor no te vas hallar.
En tu casa eres la reina, en tu casa eres el rey,
ellas son las princesas, ellos príncipes también.

Cada casa es un castillo y no siempre hay un rey,
 a veces la reina tiene dos coronas a la vez.
Tu casa debe de ser un lugar donde haya paz
donde después de un día largo tú te puedas refugiar.
Y recuerda que es casa, y que no es un hotel
no a cualquier persona debes de traer.

Tu casa es tu nidito y como el no hay otro igual,
pues con tu propio gusto lo has sabido personalizar.
Ponle aroma a tu casita que no se vaya acabar,
aroma de paz y alegría de amor y seguridad
aromas finos y caros que no se pueden comprar
porque aunque sea una choza añoramos el llegar.
Mas, sin embargo, hay mansiones preciosas para admirar
pero han perdido su esencia y en ellas es difícil habitar.

El Trabajo

Si el pago que recibimos
del trabajo que hacemos
consiste solo en dinero
satisfecho no estaremos.

Aun cuando esa cantidad
resulte ser bastante
nunca será suficiente
para llegar a llenarte.

El dinero es necesario
y no hay quien lo discuta
pero hay algo importante
y es hacer lo que nos gusta.

El hacer lo que nos gusta
o por alguien que queremos
nos trae gran satisfacción
y disfrutamos hacerlo.

Pero cuando, al contrario
no nos gusta lo que hacemos
el tiempo se hace largo
y de entusiasmo carecemos.

Y el reloj se vuelve a veces
el enfoque de la vista
quieres saber cuánto falta
para irte muy de prisa.

Mas en cambio si disfrutas
cualquier cosa que tú hagas
el reloj pierde el enfoque
y la cantidad que ganas,
porque te hace sentir
que eres bien recompensada.

El Café

El café por la mañana
para mi es alentador,
al lado de una ventana
viendo cuando sale el sol.

Viendo algunos pajaritos
pararse en alguna rama
y ver cuando picotean
en el piso unas migajas.

Dar un vistazo hacia arriba
y ver ese cielo azul
y a través de el ver los rayos
que nos transmiten la luz.

Con la taza en la mano
saboreando lentamente
de las cosas que ignoramos
pues las vemos diariamente.

Y a través de la ventana
claramente puedo ver
el rocío que en unas hojas
cayó al amanecer.
El café se terminó
y yo empiezo mi jornada,
después de yo contemplar
este lindo panorama.

El Desierto

La lluvia cae fuertemente
sobre el desierto sediento
sobre la tierra reseca
que se ha ido endureciendo.

Se cuartea y se agrieta
por tanta resequedad
cuando la lluvia penetra
todo empieza a retoñar.

Lo que parecía infértil
se vuelve a reproducir
y cambia el medioambiente
pues lo hace relucir.

Y a las pencas de las tunas
entre espinas se le ve
algo rojo que indica
que empieza a florecer.

Todo lo que ahí existe
es de grande resistencia
pues el más intenso sol
no ha podido deshacerlas.

Como lluvia en el desierto
así es Dios en nuestra vida
su presencia y sus palabras
penetran y también guían.

Y toda la reseques
y también todas las grietas
nos las quita y las convierte
en virtudes y belleza.

Esencia Natural

Hay personas que destilan
un aroma irresistible
que no se puede comprar
haciéndolo inaccesible.

Tiene aroma que es muy fino
de una mezcla de elementos
todos muy bien combinados
con resultados perfectos.

El aroma atrae a muchos
cuando pronto lo detectan,
los que saben apreciar
enseguida se dan cuenta.

Los elementos son varios
y están muy bien combinados
se crearon con el tiempo
y están muy bien concentrados.

Son esas tantas virtudes
las que crean esa esencia
que perfuma el ambiente
con tan solo su presencia.

No son muchas las personas
que obtienen esta fragancia
por eso cuando la encuentres
aprende a valorizarla.

El Enfoque

No pierdas el enfoque
si quieres llegar
a esa meta que tú
te has propuesto alcanzar.

No permitas que otros
lleguen a distraerte
perderás esas cosas
que llevabas en mente.

No permitas que la
rutina de la vida
te consuma del todo
y pierdas energía.

No dejes que los planes
que te habías propuesto
se detengan por algo
que llego al encuentro.

No dejes que la gente
te quite el entusiasmo
que con tanto esmero
has estado llevando.

No pongas el freno
a lo inesperado
enfréntalo y verás
que podrás superarlo.

No escuches esa voz
que dice que no puedes
escucha la que dice
que vencedor ya eres.

El Dinero

A veces nosotros mismos ocasionamos tropiezos
y luego a veces decimos porque me paso a mí eso.
Tenemos que edificar en vez de descarrilar
y debemos de plantar en vez de tanto cortar
pues, sino al pasar el tiempo nada hemos de cosechar
pues no debemos gastar más de lo que hemos de ganar.

Son principios muy sencillos y fáciles de aprender
además hacen sentido como lo podemos ver.
Pero lo que es más difícil es ponerlo a practicar
pues llegan las tentaciones que usamos como razones para dejarnos llevar.
Debemos aprender a manejar nuestro dinero
saber cuando acelerar y cuando poner el freno.

El Mar

Que interesante es el mar
cuando lo analizamos,
es un tesoro a la mano
que se debe apreciar.

El mar también suele ser
terapia y examinación
pues parada frente a el
claramente puedo ver
que tan pequeña yo soy.

El mar es vía de transporte
que permite conocer
a países extranjeros
que por vía de tierra
no lo podemos hacer.

El mar contiene tesoros
que a muchos les encantan
como las perlas preciosas
que solo de ahí se sacan.

El mar contiene alimentos
buenos para el paladar
como lo son los mariscos
y la imprescindible sal.

El mar es muy respetado
el mar se debe cuidar
y también a muchos
el los puede intimidar.

Pues muy fuertes son las olas
y no te debes confiar
pues a muchos se ha llevado
y no han vuelto a regresar.

La Verdad

La verdad es la ventana
por la cual podemos ver
esas cosas importantes
que nos van a enriquecer.

La verdad es esa arma
que derrota al enemigo
y da la oportunidad
de cambiar nuestro destino.

La verdad toma el lugar
y remplaza a la ignorancia
y transforma a las personas
y les da otra fragancia.

La verdad quita la venda
que nos ha estado cegando
y a la vez a la mentira
también la ha desenmascarado.

La verdad es una luz
en medio de las tinieblas
la cual queremos seguir
pues brilla como una estrella.

La verdad siempre está
expuesta y al desnudo
para el que la quiera ver
porque está en cada uno.

La verdad es la enemiga
de lo que es la mentira
porque cuando ella llega
la otra pronto se retira.

La verdad es transparente
y clara como un cristal
por eso el que la encuentre
póngala en un pedestal.

La verdad es como un mapa
que dirige el camino
pero es nuestra decisión
si es que queremos seguirlo.

La verdad y la mentira
se encuentran frecuentemente
la mentira se le esconde
y la verdad le sale al frente.

La verdad es la que libera
al que está encarcelado
porque rompe las cadenas
que lo han aprisionado.

El Otoño

En el tiempo del otoño
nuestros ojos se deleitan
al ver la transformación
que en el entorno se manifiesta.

Las hojas que verdes eran
han cambiado de color
como si fueran pintadas
por un experto pintor.

Y como si fueran frutas
que se hubiesen madurado
poco a poco van cayendo
y el suelo han alfombrado.

Y la brisa nos visita
en este tiempo más frecuente
revoloteando las hojas
dándole un toque al ambiente.

Y me da la impresión
como si hubiese tocado
un pincel mágico todo
y el color ha transformado.

En el tiempo del otoño
hay cosechas que aumentan
la calabaza y el maíz
las cuales nos alimentan.

El espantapájaros trabaja
veinticuatro horas al día
ahuyentando todo aquel
que viene a comer semilla.

Solo puedo imaginarme
que siente un agricultor
cuando recoge el fruto
que plantó con su sudor.

Deleite para los ojos
es el otoño en verdad
y debemos disfrutarlo
pues en tres meses se irá.

Hay muchos que a esto llaman
la madre naturaleza
yo le llamo el Dios vivo
creador de tanta belleza.

El Planeta Tierra

¿Quién o qué es lo que sostiene el mundo en el que vivimos,
el cual siempre está rotando y ni siquiera lo sentimos?
Es un eje invisible del cual estamos colgados
según dicen los expertos que tanto lo han estudiado.

Pero es tan interesante cuando lo analizamos
pues siendo el planeta tan pesado no nos venimos abajo.
Redondo y perfecto es geométricamente hablando,
y el único que contiene los elementos perfectos para poder habitarlo.

Cuando aun no existía la tecnología avanzada
escrito estaba en el libro más antiguo y más vendido en que todo se explicaba,
describiendo la forma en la que Él comparaba, nuestro planeta a un globo
que de nada se colgaba.

¿Pero quién puede saber tanto con exactitud,
cosas grandes y misteriosas que son de gran magnitud?
Ese eje invisible que los expertos declaran,
es la mano invisible que nos sostiene y ampara.

Ese libro tan antiguo que nunca pasa de moda,
habla de nuestro planeta y habla de cómo se forma.
Si algo queremos saber acerca del planeta
lo tenemos que leer para poder entender
porque ahí está la respuesta.

Los Fracasos

Los fracasos en la vida
son los que nos hacen fuertes
las lecciones aprendidas
son mejor cuando se sienten.

Esas malas experiencias
suelen ser como escalones
y nos ayudan a llegar
donde tú te lo propones.

Los fracasos nos ayudan
a desinflar nuestro ego,
que a veces tanto se infla
que sube casi hasta el cielo.

Los fracasos nos ayudan
a no creernos superiores
pues claramente nos muestra
cuáles fueron los errores.

Los fracasos en la vida
son como si fueran pruebas
pero depende de ti
si caes o te recuperas.

Los Ojos

Los ojos son las ventanas en las cuales podemos ver
alegrías reflejadas, y también algunas cosas que solemos esconder.
La letra no siempre es el modo que utilizamos
para poder leer cosas que tratan del ser humano.

El lenguaje corporal es algo muy importante,
nos deja saber muchas cosas como también el semblante.
Pero más que todo son los ojos en los cuales podemos ver,
sentimientos reflejados más claros que en un papel.

Esas ventanas magnéticas que nos suelen conectar,
pues tan solo una mirada y te puedes enamorar.
Hay variedad de ventanas en forma y en colores,
mas todas son transparentes y reflejan emociones.

Solo se cierran las persianas a la hora de dormir,
pero en cuanto se abren pueden ver nuestro sentir.
Esas ventanas preciosas que cosas maravillosas a través de ellas podemos ver,
y también a otros permite asomarse y entender.
Esas ventanas preciosas reserva de agua salina,
que de ellas brotan lágrimas cuando algo nos lastima.

El Sol

El sol sale en el este y poco a poco se asoma,
se levanta lentamente hasta que vemos su forma.
Según va pasando el día se mueve muy lentamente
y al llegar el medio día sus rayos se fortalecen.

Pero no nos atrevemos a mirarlo fijamente
lentes oscuros usamos, la sombra también buscamos para apaciguar su fiebre.
Según va cayendo el día, el se empieza a poner
en el lado del oeste donde se empieza a esconder.

Sus rayos se debilitan y va perdiendo el poder
y a la gente, el deleita cuando a lo lejos observan un bello atardecer.
Su presencia es poderosa y alegra el ambiente
y si desapareciera no habría persona ni cosa en el planeta viviente.

El provee la vitamina
que le hace falta al cuerpo,
pero siempre con medida
pues trae graves consecuencias si mucho nos exponemos.

El es suficiente fuerte
y cambia el color de piel
a unos el los broncea
y a otros en cambio toca
y empiezan a enrojecer.

El sol es indispensable
el sol tiene gran poder,
pero depende de alguien
que es el que lo creó a el.

El Tiempo

Tiempo que nunca descansas ni siquiera un momento,
tiempo que dejas tus huellas incrustadas en mi cuerpo.
Tiempo según vas pasando olvido malos recuerdos,
tiempo quisiera tener más de ti cuando me estoy divirtiendo.

Tiempo según vas pasando igual que como una fruta también yo voy madurando.
Tiempo pasas lentamente en los momentos amargos.
Tiempo que te me escapas como agua entre las manos,
y cuando miro al espejo digo, ¡oh! cuanto he cambiado.

Tiempo de ti a veces tengo poco para compartir con otros
 momentos tan agradables.
Tiempo que por donde pasas las huellas tú vas dejando,
pero nosotros a ti te tenemos vigilado
y queriendo ser exactos usamos el calendario.

Tiempo eres tan valioso que te comparan al oro
mas el oro puede comprarse
y tú eres irremplazable
haciéndote más valioso.

Las Palabras

Es saludable expresar lo que llevamos por dentro,
para no acumular y evitar resentimiento.
La mayoría de las personas solemos ser muy visuales,
mas las palabras siendo invisibles sostienen grandes potenciales.

Pueden ser muy positivas y entrelazan las personas
palabras que son genuinas y se graban en la memoria.
Las palabras negativas también pesan grandemente,
son espadas afiladas que hieren profundamente.

Las palabras abren puertas y también las pueden cerrar,
pues a veces las decimos sin ponernos a pensar
en el gran poder que tienen si las sabemos usar.
A veces nos enfocamos tanto en lo que es material,
en aquello que vemos y que podemos tocar.

Mas hay cosas invisibles que ejercen un gran poder,
aunque ellas no son tangibles pues no las podemos ver.
Es mejor que analicemos antes de empezar hablar,
pues lo que expresamos nos puede enaltecer o nos puede perjudicar.

Este Verano

Este verano me iré
de todo este bullicio
de las cosas digitales
y los altos edificios.

Me iré a un lugar tranquilo
donde no haya mucha gente
donde las olas del mar
se oigan cuando yo me acueste.

Mi casa será sencilla
y cabrá en cualquier parte,
donde me guste el lugar
ahí será donde la arme.

Y al atardecer me iré
a buscar ese lugar
donde la puesta del sol
mejor la pueda admirar.

Y la música nocturna
serán los alegres grillos,
y al amanecer se oirá
el cantar de pajarillos.

Y cuando yo sienta frio
una fogata yo haré
en medio del campamento
a así me calentaré.

Y antes de yo acostarme
admiraré el firmamento
lleno de miles de estrellas
que el creador las habrá puesto.

Caminaré por los trillos
donde habrá flores silvestres
dándole un toque especial
a todo ese bello ambiente.

Y luego caminaré
por esa arena fina
y los rayos sentiré
inyectándome energía.

Llevaré literatura
que tenga buena sustancia
con palabras que edifiquen
y tengan dulce fragancia.

Flor

La mente se va abriendo
como los pétalos de una flor
pero hay que alimentarla
para que haga su función.

Ese alimento consiste
en aprender cosas nuevas
y el botón se irá abriendo
hasta que una rosa sea.

No será fácil al principio
los cambios nos intimidan
pero según pasa el tiempo
enriquese nuestra vida.

Las lecciones y las cosas
que vayamos aprendiendo
será como el rocío
que en la rosa está cayendo.

La mente es muy importante
y encierra gran potencial
mas si no la alimentamos
no se va a desarrollar.

Seguirá siendo un botón
el cual nunca lo nutriste
para que fuera una flor
pues nunca lo permitiste.

Existe una variedad
de flores innumerables
deleite para la vista
y fragancia agradable.

Deja que poquito a poco
tus pétalos se te abran
tal vez serás un clavel
una rosa o guirnalda.

Tal vez una blanca orquídea
o el jazmín el cual derrama
un aroma especial
que en la noche aún más resalta.

Luz

La luz nos ayuda a ver
para que no tropecemos
caminar en la oscuridad
es como querer avanzar
en un bote sin remos.

La oscuridad causa miedo
pues no sabemos qué hay
a nuestro alrededor
que nos puede limitar.

Toda cosa y ser viviente
necesita tener luz
para que se desarrolle
en su total plenitud.

La luz y la oscuridad
parecen ser enemigas
pues en cuanto una llega
la otra pronto se retira.

También los seres humanos
esparcimos una luz
que se refleja en sus palabras
y también en su actitud.

Y su luz puede tocar
a otros sin darse cuenta
y claramente podemos ver
que en ellos se manifiesta.

Debemos de ser candil
e iluminar el camino
de otros que por alguna razón
tal vez lo hayan perdido.

Y debemos permitir
que otros también iluminen
el camino en el que andamos
para que los pasos que damos
tampoco se nos desvíen.

Todos debemos brillar
no para lucir radiantes
sino para cambiar vidas
y que puedan transformarse.

La Lectura

Si nos interesa un tema
y lo sabemos apreciar
lo buscamos, lo estudiamos
y nos puede alimentar.

Y el mejor de los lugares
es en la literatura
aprendemos y soñamos
y nos da cierta cordura.

Pues cuando leemos algo
alimentamos la mente
nos transportamos muy lejos
aun cuando el cuerpo está presente.

Y cuando nos concentramos
en lo que estamos leyendo
llegamos hasta palparlo
con los sentidos internos.

Si lo que estamos leyendo
tiene un gran contenido
edifica nuestra mente
y abre nuestros sentidos.

Transportémonos a un mundo
sin dejar este lugar
dependiendo de lo que nos guste
en una forma literal.

La Luna

La luna grande y plateada cuelga con trasfondo negro
y a lo lejos pareciera que fuera de terciopelo.
Nos alumbra por la noche e ilumina el sendero
al compás de las estrellas que admiramos desde lejos.

La luna es interesante, la luna tiene misterio
afecta al medio ambiente y causa grandes efectos.
La marea cambia su fuerza en noches de luna llena,
pues más altas son las olas y más fuerte es la marea.

Y también a las personas dicen que la luna afecta
que resalta emociones y se sienten indispuestas.
La luna no se confunde pues ella sabe su rumbo
por el día ella se esconde y por la noche está de turno.

Me Gustaría

Me gustaría volver a esa tierra tan querida.
Tierra que me vio nacer
y que tuve que dejar
cuando era yo una niña.

Me gustaría caminar
por la arena blanca y fina,
y poderme sumergir
en las aguas cristalinas.

Me gustaría contemplar
todo el verdor de sus montes,
y ver ese platanal,
y ver el sol que se esconde.

Me gustaría caminar
por esas calles estrechas,
donde la conga pasaba
y la multitud alegremente bailaba.

Me gustaría poder ver
la gente en cualquier esquina,
disfrutando de un café
o jugando dominó
como mi padre lo hacía.

Me gustaría ver también
las palmas con cocos verdes,
y también verlas moverse
al compás del viento alegre.

Me gustaría hacer todo eso,
y tal vez un día lo haré,
pero mientras tanto
de esos lindos recuerdos yo me alimentaré.

La Mente y El Cuerpo

Mientras más demos al cuerpo
mucho más el va a querer,
debemos saber frenarlo
para que pierda el poder.

Pues la mente debe ser
la que siempre predomina
y al cuerpo le da las cosas
y debe ser con medida.

El cuerpo se satisface
solo momentáneamente
y luego vuelve a pedirte
porque no es suficiente.

Cada cuerpo es diferente
no todos quieren lo mismo
lo que a unos apetece
otros lo hayan repulsivo.

Mas todos comparten algo
un común denominador,
si le damos demasiado
se va fuera de control.

Debemos fortalecer
la mente y el espíritu
y así poder mantener
el cuerpo en equilibrio.

Nadie conoce nuestro cuerpo
como nosotros mismos
sabemos que nos afecta
si lo sobre consentimos.

El cuerpo es muy astuto
y nos puede manipular
mas la mente es superior
y lo debe controlar.

La Mente

La mente del ser humano
no tiene comparación
ni los mejores psicólogos
aun descifran su función.

Interesante y compleja
en diferentes maneras
pues no hay computadora
que a la mente la supera.

Es potencial de riquezas
que se encuentra encapsulado
y al sacarlo a la luz
podemos ver resultados.

Solamente una porción
pequeña es la que usamos
de nuestro cerebro y mira
cuanto hemos logrado.

La mente es la que gobierna
los miembros que hay en el cuerpo
y sin pensarlo y al instante
lo cumplen en el momento.

La mente es donde plantamos
la semilla que germina
y tangible resultados
nos dará si es que se cuida.

La mente hay que cuidarla
y ver bien lo que ponemos
pues luego se desarrolla
para mal o para bueno.

Pues si plantaste naranjas
no vas a recibir peras
así también es la mente
lo que plantas eso esperas.

Debemos reconocer
que su función es perfecta
que hubo un diseñador
que merece reverencia.

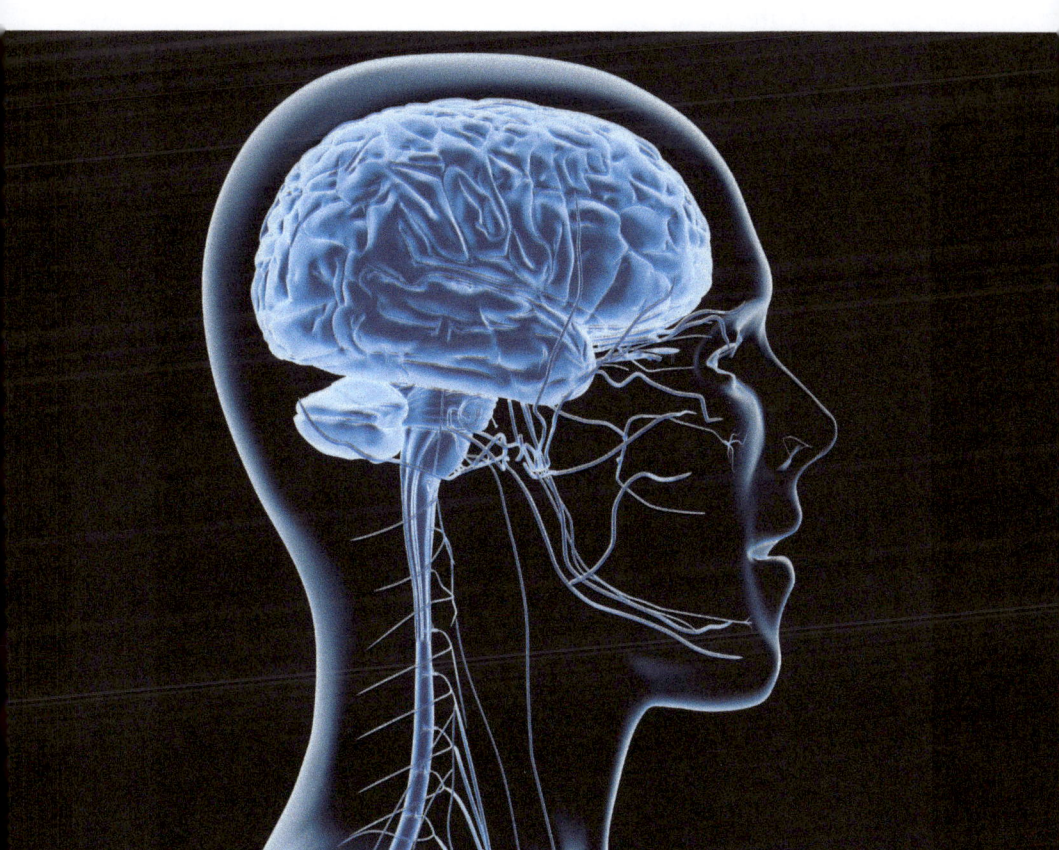

Mujer

Mujer que has pasado por tantas
cosas grandes en la vida,
enfermedad y tristezas
que han dejado en ti heridas.

No te rindas, no decaigas
pues no estas a la deriva
aunque sientas que estás sola
alguien siempre a ti te cuida.

Usa esas experiencias
que has tenido en la vida
para guiar a otras mujeres
y servirles como guía.

Es una forma distinta
de reciclar experiencias
y aplicarla a otras personas
para que sean recompuestas.

Mujer vas dejando huellas
por donde quiera que pasas
pues vas tocando las vidas
de las personas que alcanzas.

Mujer en esos momentos
que te sientes decaída,
no mires tú alrededor
mira al que está allá arriba.

Pues si pierdes el enfoque
te hundirás no habrá salida,
si quieres salir a flote
entrégale a Él tu vida.

Y entonces te darás cuenta
que no importa lo que pases
te han pasado por el fuego
para poder refinarte.

La Vida

La vida tiene subidas
igual que tiene bajadas
y debemos de estar listos
para poder enfrentarlas.

Pues no sabemos lo que
cada día nos espera
hay días de alegría
y otros que no se desean.

Debemos de concentrarnos
solo en un día a la vez
pues no sabemos mañana
lo que nos ha de traer.

La vida tiene sabores
tan dulce como la miel,
también tiene sin sabores
y amargos como la hiel.

Un día nos alegramos
porque un bebé ha nacido
pero otro día lloramos
porque alguien ha fallecido.

El corazón se ensancha
cuando se está enamorado,
y también se quebranta
cuando lo han traicionado.

Hay días que el sol nos brilla
y reímos a carcajadas
y también hay días muy grises
con lágrimas derramadas.

Y a todos nos ha tocado
y si no nos tocará
pues en esta vida a esto
nadie exento está.

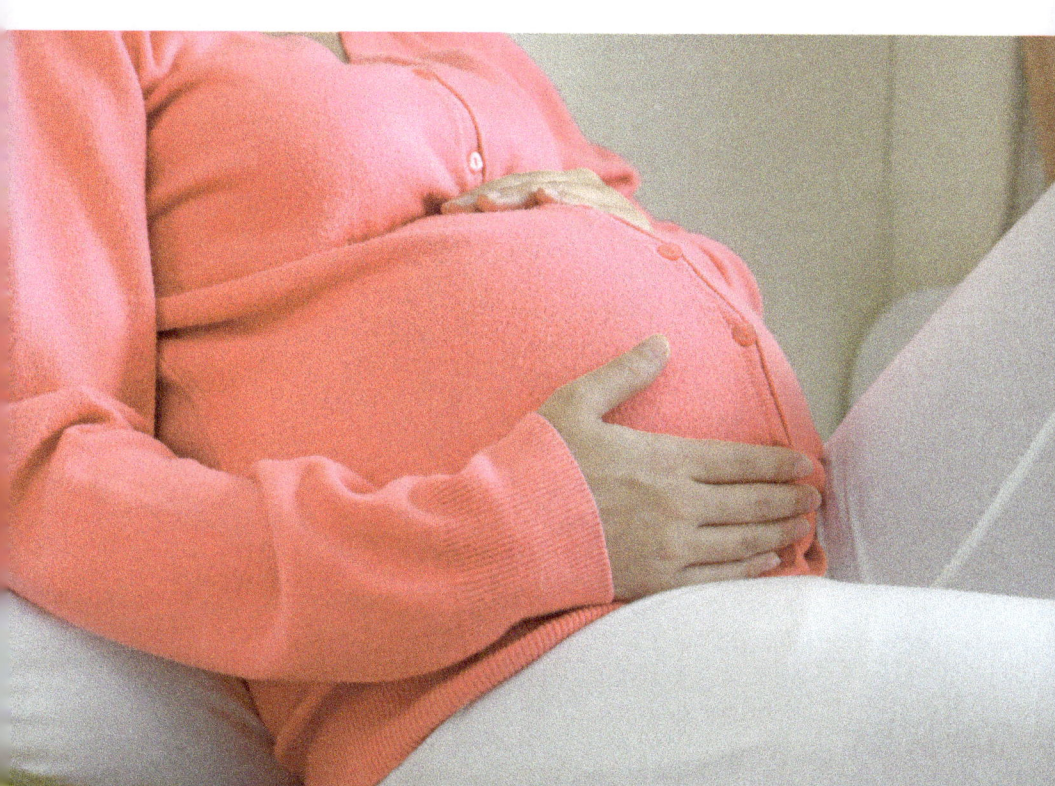

Las Amistades

En la vida tenemos amistades
que añaden alegría a nuestra vida
mas cada una suele ser diferente
en cuanto al aroma que destila.

Muy parecidas son a un jardín
repleto de variedad de flores
que forman un bello complemento
con diferente forma y colores.

Una buena amistad es refrescante
en tiempo de dolor y de hastío
como el amanecer para la flor
lo son las claras gotas de rocío.

Una buena amistad quita la carga
esa carga que no se puede ver,
con buen semblante y con las palabras
que alivian y alimentan nuestro ser.

Hay amistades que se entrelazan
como las raíces de un injerto,
mas tristemente hay otras que terminan
como los pétalos que lleva el viento.

Lo que importa no es la cantidad
de amistades que podemos tener,
sino la calidad de la amistad
que nos levanta o nos hace caer.

Las amistades son como un regalo
que con esmero debemos cuidar,
sino con la rutina y con el tiempo
como una flor se puede marchitar.

Nos Damos a Conocer

Nosotros mismos nos damos a conocer
por las palabras que usamos
y nuestra forma de ser.

No importa lo que otros digan
y cual sea su intención
al final somos nosotros
participantes de nuestra reputación.

No somos moneda de oro
para que todos nos quieran
es mejor tener algunos
que con un puño se cuentan,
a estar rodeado de gente
que suelen ser indiferentes
a lo que uno tal vez sienta.

Dicen que por nuestros frutos
nos damos a conocer
la manera de que hablamos
y como nos comportamos
en el diario proceder.

Y aunque no somos perfectos
vamos creando un camino
unos se apartarán
y otros seguirán contigo.

Tratemos de ser mejor
cada día de nuestra vida.
no para lo que se ve
o lo que la gente diga.

Sino para estar bien
contigo y con quien te guía
que te ve públicamente
y te conoce a escondidas.

Las Palmeras

Las palmeras están hechas
para resistir los vientos
aguantar esos ciclones
que arrastran todo a su encuentro.

Bailan al compás del aire
y aunque parecen partirse
se doblegan, pero aguantan
hechas para ser flexibles.

También como esas palmeras
nosotros fuimos creados
para enfrentar los problemas
y que seamos transformados.

Y vendrán los huracanes
que nos dejaran temblando
y aunque creamos que no
saldremos al fin triunfando.

Creados para triunfar
en medio de los problemas
lo que fue hecho para mal
se convierte en cosa buena.

Pues estamos equipados
y nunca se nos da más
de aquello que el cuerpo y mente
lo puede sobrellevar.

Hechos como las palmeras
y por el mismo creador
para enfrentar los problemas
haciéndonos triunfador.

Los Colores

Que bellos son los colores
que linda es la variedad,
no todos son blanco y negro
los otros alegran más.

El negro es muy elegante
y nos da la impresión
que hemos adelgazado
mas todo es una ilusión.

El blanco luce muy fino
y delicado también,
signo es de la pureza
que al altar se va con el.

El azul es relajante
es un color muy sereno
pues es el color del mar
y del claro azul cielo.

El rojo es muy llamativo
y captura las miradas,
representa el amor
y la llama apasionada.

El amarillo es radiante
pues es el color del sol,
muy parecido al oro
que tiene mucho valor.

El verde es representante
de la gran naturaleza
de la cual dependemos
para la supervivencia.

El color morado es
un color muy distinguido
que antes sólo eran los reyes
los que podían lucirlo.

Las personas también somos
así como esos colores
cada uno es diferente
y cada quien con sus valores.

Nuestra Agenda

A veces nuestras agendas las hemos sobrecargado,
con tantas cosas que hacer y luego nos agotamos.
Hay cosas que las hacemos y que sí son importantes,
con frutos beneficiosos que veremos adelante.

Hay cosas que las hacemos pues no tuvimos valor,
de decirle a otras personas no puedo, ocupada estoy.
Otras cosas las hacemos por cuestión de diversión,
mas si las exageramos, se convierten en tensión.

Y a veces sin darnos cuenta vamos llenando la agenda,
y hacemos en cantidad, pero no en calidad.
Y luego nos quejamos por lo mucho que hay que hacer.
mas no todo fue impuesto lo pudimos escoger.

Pues si nos sobrecargamos no vamos a disfrutar,
vamos a dar un vistazo en vez de algo admirar.
Vamos a tomarnos algo sin poderlo saborear,
escucharemos palabras pero sin asimilar.

Aprenderemos mil cosas que pronto olvidaremos,
porque tiempo no tenemos para poder practicar.
Y nos creemos a veces que somos muy eficaz,
y no entendemos a veces que el hacer menos es más.

Problemas

Los problemas nos hacen más fuertes,
los problemas nos hacen pensar,
nos obligan a buscar soluciones
donde a veces pensamos que no hay.

Nos sacuden de la nube
donde solemos estar,
donde a veces invencibles
nos creemos en verdad,
pero llegan los conflictos
y nos hacen recapacitar,
y de invencibles pasamos
 a vulnerables en tan solo un pestañar.

Nadie quiere los problemas conflictos, o el fracasar
pero es parte del proceso que nos lleva a madurar.
El inteligente aprende y a otros va a guiar,
mas el necio nunca aprende y con la misma piedra se vuelve a tropezar.

Los Países

Cada país encierra
muchas cosas diferentes
aun estando al lado de otro
y en el mismo continente.

Y aunque todos compartimos
el sol y la misma luna
el aire que respiramos
y no hay nadie quien lo duda.

Las diferencias son grandes
en diferentes maneras
como si en un mundo propio
cada país estuviera.

Mas cada uno de ellos
tiene en si su propia belleza
que le hace resaltar
y que el ciudadano aprecia.

El globo terrenal
nos ayuda a situar
donde geográficamente
los podemos encontrar.

Hay que saber apreciar
las diferencias que existen
entre todos los países
que ayudan a distinguirse.

Los Pájaros

Que libres se ven volando
los pájaros a la distancia
sin que nadie los dirija
y sin ver que el tiempo pasa.

Ellos son inteligentes
pues sin ellos tener manos
construyen sus propios nidos
sin haberles enseñado.

Van y buscan su comida
y alimentan sus pichones
y una vez que hayan crecido
a volar también los ponen.

Con poquito ellos viven
un nido y unas migajas
de algo que haya sobrado
y a ellos los satisfaga.

Se bañan en un charquito
como si fuera laguna
y en el nido ellos se meten
antes que salga la luna.

Y temprano en la mañana
ya los oímos cantar
se levantan muy temprano
sin tener que trabajar.

Rosas y Espinas

Que difícil es el caminar
por el sendero de la vida
pues no es un camino plano
es un terraplén empedrado
con rosas y con espinas.

Y a todos nos ha tocado
que podamos disfrutar
el dulce olor de las rosas
la brisa acariciadora
durante ese caminar.

Mas también nos ha tocado
el tener que saborear
unos tragos muy amargos
pasar espinos y nardos
demorando el proceso de poder cicatrizar.

Este sendero es el mismo
que todos hemos de andar
y a la vez es muy distinto
y es también individual
con sus propias experiencias
que son muy particular.

La distancia del camino
nadie la sabe en verdad
unos caminan cien años
otros dan algunos pasos
y algunos jamás tuvieron
ni esa oportunidad.

Mas hay algo que es muy cierto
y que es la realidad
damos pasos hacia el frente
pero nunca hacia atrás
el tiempo no es reversible
y no da oportunidad.

Mas en este caminar
vamos muy acompañados
aunque al simple parecer
parezca que no lo estamos.

Pues este acompañante
a nadie ha abandonado
cuando sentimos caernos
o tal vez nos desmayamos
nos da aliento de vida
y seguimos avanzando.

Él también como nosotros
su sendero caminó
su carga era muy pesada
lo que al mundo le tocaba
Él encima lo llevó.

Mariposas

Que lindas las mariposas
cuando emprenden el vuelo
con diferentes colores
y con su propio diseño.

Sus alas son delicadas
parecidas a un papel
y antes de desarrollarse
oruga solía ser.

Que interesante es
el ir evolucionando
de arrastrarse por el suelo
y después salir volando.

De meterse en un capullo
y no ver la luz del día
después verla posarse
en la blanca cala lily.

Las mariposas son bellas
solo para admirar
pues basta un simple roce
y se pueden estropear.

Salud

Cuando tenemos salud decimos que la apreciamos,
mas cuando la perdemos es cuando la valoramos.
Cuando nos sentimos mal es cuando realmente vemos
que la salud es lo primero para poder funcionar.

Se nos debilita el cuerpo y a veces todo nos duele,
y la cama se convierte en el único lugar
donde no sólo en la noche, pero también en el día
queremos siempre estar.

Los platillos favoritos
no nos llaman la atención
se nos va el apetito y lo que era favorito
no le encontramos sabor.

Y las cosas materiales
que solíamos admirar
parecen tan superficiales
que ni las queremos mirar.

De Dios aún más nos acordamos
pues mucho lo necesitamos
y con más fervor oramos
para podernos sanar.

Todos pasamos por eso
y nadie exento está
pues todos hemos pasado
por alguna enfermedad.

Y podemos darnos cuenta
al alinear las prioridades
que la salud es la primera
y las demás son secundares.

Oruga

Somos como esa oruga
que se arrastra por el suelo
y no nos damos cuenta
que no nos desenvolvemos.

Estamos en un capullo
y somos tan introvertidos
nos alejamos de otros
y del mundo no compartimos.

Y vamos evolucionando
poco a poco y lentamente
saliendo del capullo
aunque no sea frecuente.

Y vamos desarrollando
las virtudes y talentos
que aquel que nos creó
nos las ha puesto por dentro.

Y empezamos a crecer
y adquirir seguridad
y a romper ese capullo
obteniendo libertad.

Empezamos a emprender
cosas que nos interesan
aleteando nuestras alas
para que se fortalezcan.

Y descubrimos que ya
no nos vamos arrastrando
y que dentro del capullo
fuimos evolucionando.

Que nos hemos transformado
en algo muy diferente
que uno mismo puede ver
al igual que otra gente.

Y extendemos nuestras alas
y empezamos a volar
libremente hasta la meta
que te has propuesto alcanzar.

Solo en Pinturas

Hay un lugar que yo he visto
solamente en pinturas
tiene jardines preciosos
caminos muy luminosos
y en la noche siempre hay luna.

Tiene lagos y lagunas
donde los cisnes se bañan
y en el trasfondo se ven
las gigantescas montañas.

Donde las flores se lucen
y son las protagonistas
son un perfecto manjar
para complacer la vista.

Y a lo lejos se ven
casas ya edificadas
hechas de piedra natural
y que están muy habitadas.

Pues la luz se puede ver
a través de las ventanas
un molino dando vueltas
al lado de una cascada.

Por la chimenea sale
un humo alentador
de la leña que en ella arde
haciéndole acogedor.

Hay unos pequeños puentes
que atraviesan la laguna
hechos de piedra natural
y de arco su figura.

Parece que hay neblina
casi siempre en la mañana
pero luego sale el sol
y todo lo iluminaba.

Es un lugar que transmite
gran paz y tranquilidad
donde si en verdad existe
me gustaría habitar.

Todo Con Medida

Es difícil de encontrar
el balance adecuado.
Pues a veces escatimamos
o tal vez exageramos
cuando debemos medir.

Puede ser, quizás, el tiempo
que perdemos a menudo
sin disfrutar con alguno
con quien tú quieras hablar.

Tal vez sea la disciplina
que tú sueles imponer
regia como un cañón
o frágil como un papel.

Tal vez la organización
se haya vuelto en obsesión
o el ser desorganizada
que tú nunca encuentras nada
y te causa frustración.

Puede ser que el dinero
se te va como agua entre los dedos
o guardas todo lo que ganas
y nunca disfrutas nada.

Que difícil es hallar
el balance en lo que hacemos
pues examinarse es bueno
para luego entender
que tenemos que soltar
y que hay que retener.

Pasos

Cada paso que des que sea en buena dirección,
Con un sentir de alegría y de motivación.
Que en tu diario caminar tus pies nunca tropiecen,
pero si llegaras a caer te pares y te endereces.

Deseo que tus pies te lleven por sendas de aventura,
y en tu conquista halles amigos que perduran.
Deseo que tus pies escalen las más altas montañas,
que combatas tus miedos y ganes tus batallas.

Deseo que tus pies sigan aun cuando estén cansados,
y te lleven al lugar que siempre has anhelado.
Y oro para que tus pasos obedezcan esa voz interior,
la cual guía el camino que para ti es mejor.

Que tus pasos te lleven por donde hay claridad
y si un día anduvieras por la oscuridad,
que seas transformado y brilles aún más.
Que nunca se te olvide que hay alguien a tu lado,
que no se te adelanta y nunca se ha atrasado.

Tus Sueños

A veces tenemos sueños
que hemos encarcelado
los visitamos a veces
mas siguen aprisionados.

Pues el recordarlo a veces
muestra que no lo hemos olvidado,
pero si no accionamos
nunca serán liberados.

No es fácil usar la llave
y echarlos a volar,
porque habrá muchos obstáculos
que tendremos que enfrentar.

Debemos analizar
y buscar información
para que se lleve a cabo
sin que haiga confusión.

Las cárceles están llenas
de sueños intocables
no dejes que el tuyo muera
porque tú puedes salvarle.

No lo sigas contemplando
y pon tu plan en acción
pídele a Dios que te guie
y dale a Él su porción.

Tres Días

Estamos aquí tres días en este mundo terrenal,
así es como veo la vida por eso hay que disfrutar
de las cosas más sencillas que hay a nuestro alrededor
como una linda sonrisa o caminar bajo el sol.

A veces nos preocupamos tanto por acumular,
tantas cosas materiales que en el futuro creemos que vamos a necesitar.
Sin darnos cuenta que la vida es tan solo un pestañar,
y quiero abrirte los ojos y ponerte a pensar
que las cosas más valiosas son las que no puedes comprar
como lo es la salud y el poder saber amar.

No sigas perdiendo el tiempo, no te dejes engañar.
Porque no sabemos cuándo va hacer nuestro día final.
Perdona a los que te hirieron o que te han tratado mal,
y piensa que cada día es una oportunidad.
Y las oportunidades no las dejamos pasar,
porque cuando llegue el día solo vamos a llevar
las experiencias vividas, pero nada material.

Una Obra de Arte

Cada persona viviente
es un milagro palpable
pues cuando lo analizamos
el ser humano es sumamente interesante.

Desde el preciso momento
en que en el vientre se concibió
y a través de los nueve meses
en que en el vientre se formó,
y maravillosamente
por el cordón se alimentó
y por la vía que fue formado
por esa misma salió.

El cuerpo del ser humano
el cual tanto han estudiado
encierra en el maravillas
que aun no sean identificado.

La mayor parte del cerebro
dicen que no la usamos
y aun así,
mira lo que hemos logrado.

El cuerpo en si está hecho
para contrarrestar enfermedades
para reconocer los virus
y así mismo el sanarse.

Cada uno de nosotros
fuimos especialmente creados
no fue por casualidad
como a este mundo llegamos.

Y no dejo de admirar
todo lo complejo que es
aunque al simple parecer
muestra una gran sencillez.

Cada uno de nosotros
encierra una obra maestra
que cada uno de nosotros
a diario la manifiesta.

Un Diamante

Un diamante a plena vista
no se da a conocer
a menos que sea un experto
y sepa su proceder.

Aparenta ser común
en su forma natural
mas encierra un gran valor
que se tiene que explorar.

Una piedra a simple vista
es lo que aparenta ser
y al pulirse se transforma
y empieza a resplandecer.

Así como esas piedras
somos los seres humanos
encierran un gran valor
que no sea visualizado.

Por medio de circunstancias
experiencias y dolores
se va puliendo el carácter
y cambian nuestros valores.

Y poco a poco resalta
la belleza interna que hay
en cada uno de nosotros
y empezamos a brillar.

Como una piedra preciosa
hechos por nuestro creador
el cual nos irá puliendo
haciéndonos aun mejor.

Único y Única

En este mundo no existe
como tú y yo otra igual,
aunque hay billones de gente
mas todas son diferentes
haciéndonos especial.

Aun los que son mellizos
también suelen ser distintos
en la parte intelectual.

Nos hicieron diferentes
con un molde en la mente
el cual no se volvió a usar.

Cada uno fue formado
y en el vientre esculturado
la mayoría por nueve meses gestaron.

Y por esos nueve meses
ahí nos alimentaron
hasta que llegó ese día
cuando el cordón fue cortado.

Mas ninguno de nosotros
nos podemos recordar
de esta parte importante
de esta parte tan vital.

Como si fuera un secreto
que el creador quiso guardar
pues Él solo lo recuerda
y ha de ser muy especial.

Nadie puede conocernos
como nos conoce Él
pues hasta nuestros cabellos
contados están por Él.

Sí que somos especiales
y no podemos dudarlo
pues la huella digital
ha podido comprobarlo.

Poeta y Poetisa

La poesía es un arte en forma literaria
de sentimientos profundos que llevamos en el alma.
Cada poeta y poetisa lo expresamos diferente
unos se oyen sencillos y otros son muy elocuentes.

Mas todos son similares pues tienen por consiguiente
expresar lo que sentimos y lo que hay en nuestra mente.
Cada uno tiene su estilo y su individualidad
es lo que lo hace genuino y distinto a los demás.

A todos nos une algo que nos hace conectar
la necesidad interna de tenernos que expresar.
Y cuando al final lo hacemos con la pluma y el papel
trae una satisfacción que se ve a flor de piel.

www.ingramcontent.com/pod-product-compliance
Lightning Source LLC
Chambersburg PA
CBHW061223070526

44584CB00029B/3960